COUP-D'OEIL

SUR LES RÉVOLUTIONS

D'ESPAGNE ET DE NAPLES.

DE L'IMPRIMERIE D'ANTH. BOUCHER, SUCCESSEUR DE L. G. MICHAUD,

Rue des Bons-Enfants, n⁰. 34.

COUP-D'OEIL

SUR LES RÉVOLUTIONS

D'ESPAGNE ET DE NAPLES,

SUR LA CONSPIRATION MILITAIRE DÉCOUVERTE A PARIS, LE 19 AOUT 1820; SUR LA MARCHE QU'A SUIVIE LE MINISTÈRE FRANÇAIS DEPUIS LA RESTAURATION, ET SUR LA DISPOSITION DES ESPRITS EN EUROPE.

Par M. C.

A PARIS,

CHEZ ANTHᵉ. BOUCHER, IMPRIMEUR-LIBRAIRE,
RUE DES BONS-ENFANTS, Nº. 34.

M. DCCC XX.

SUR LES RÉVOLUTIONS

D'ESPAGNE ET DE NAPLES,

Sur la Conspiration Militaire découverte à Paris le 19 août 1820; sur la marche qu'a suivie le Ministère français depuis la restauration, et sur la disposition des esprits en Europe.

CHAPITRE Ier.

Sur la Révolution d'Espagne.

Voila encore une constitution que la révolte armée vient d'imposer au souverain légitime. Lorsque la révolution d'Espagne éclata, quelle que fût la diversité des opinions politiques, il n'y eut qu'une voix sur le résultat qu'un tel événement devait produire en Europe. Les hommes habitués à réfléchir, s'accordèrent à dire que l'exemple serait contagieux, et que tous les États se ressentiraient de cette commotion, avec la seule différence que les amis de l'ordre et des principes sociaux en frémirent d'horreur, et que les autres en tressaillirent de joie, semblables à ces oiseaux carnassiers qui battent de l'aile et font entendre leurs cris sinistres à la vue de leur proie sanglante.

Naples, pour sa part, vient d'accomplir cette triste prédiction, en attendant que l'incendie aille embraser le monde civilisé, réveiller les souverains au bruit de leurs trônes écroulés, et leur apprendre ce qu'ils devaient faire en pareilles circonstances. La cruelle expérience de notre révolution leur sera-t-elle inutile? et parce qu'après vingt-cinq ans de calamités la Providence a couronné leurs efforts, se flattent-ils qu'elle leur sera toujours favorable? qu'ils pourront encore maîtriser les événements? Qu'ils daignent observer qu'alors l'esprit de vertige n'existait que dans une seule partie de l'Europe, et qu'aujourd'hui il est partout.

J'aime infiniment les constitutions; car enfin il est bon que chacun sache à quoi s'en tenir sur la consistance qu'il doit avoir dans la société, sur ses devoirs envers elle, et qu'en payant des contributions à l'État suivant sa fortune ou son industrie, il en soit protégé, et que les lois soient égales pour tout le monde; mais je ne voudrais pas d'un tel bienfait de la part d'une troupe de soldats révoltés, attendu que s'ils ont la faculté de me le donner aujourd'hui, ils auront aussi celle de me l'ôter demain.

Je ne connais rien de plus funeste en politique, et ceci ne saurait trop se répéter, que le système adopté par les rois, de tenir la balance entre le bien et le mal ; je le considère comme la source de tous nos malheurs présents et à venir, en ce qu'il confond toutes les idées du juste et de l'injuste, pervertit notre jugement, et, nous dégageant du frein que le devoir impose, nous porte à ne faire que ce qui nous est profitable. Les factieux et les usurpateurs de tous les temps n'ont jamais manqué de commencer par corrompre le peuple, l'intérêt de leur réussite ou de leur conservation étant de plonger tout dans le chaos, afin d'en retirer ensuite les doctrines qui leur est nécessaire de faire prévaloir. Mais lorsque celui que tout porte à faire triompher la justice et la raison, qui ne peut régner que par elles, se sert de son pouvoir pour les anéantir ; qu'il range le crime au même niveau que la vertu ; qu'il récompense la trahison et oublie la fidélité ; qu'il caresse la perfidie et livre la loyauté à la dérision publique ; alors, dis-je, un bouleversement général s'opère dans toutes les têtes ; le bon sens qui avait résisté à la contagion, chancèle, et finit par se croire en défaut ; l'égoïste proclame l'excellence du système, et le fourbe en sourit ; le peu d'hommes restés inaccessibles aux folies du jour, gémissent, se taisent, ou s'ils veulent élever la voix, l'égoïsme et la fourberie sont là pour l'étouffer.

A mon avis, ce n'est pas bien aimer les rois que de ne pas savoir leur dire la vérité ; sans doute que ceux qui, de leur autorité privée, s'instituent leurs conseillers, peuvent également errer ; mais si parmi beaucoup d'arguments hasardés et des théories fausses, il se trouve une vérité utile, et que les princes sachent la découvrir, le travail des uns et les recherches des autres ne seront pas tout-à-fait perdus.

La conduite de Ferdinand VII, en remontant sur son trône, fut toujours pour moi une énigme inextricable ; mais habitué à soumettre mes opinions à celles des écrivains royalistes, je dus croire que je me trompais.

L'acte appelé constitution, qu'on lui proposa de signer aussitôt qu'il eut mis le pied sur le territoire espagnol, est, selon moi, monstrueux à cause de la transition violente qui fait passer l'état d'un système à un autre qui lui est diamétralement opposé ; mais tout inadmissible qu'il fût, les auteurs étaient des sujets fidèles qui avaient exposé leur fortune et leur vie pour lui conserver sa couronne. A ce titre, ils méritaient bien quelques égards, et s'il croyait ne pas devoir l'accepter, même avec les modifications qu'il pouvait lui faire subir suivant son bon plaisir, il devait en ajourner l'exécution jusqu'au moment où son peuple aurait été préparé à jouir du bienfait d'un gouvernement représentatif. En attendant, il aurait eu le temps de connaître l'esprit du siècle, en se pénétrant de cette maxime d'un écrivain célèbre (1) : que les siècles marchent et ne reculent pas, qu'il faut les suivre sous peine d'être entraîné par eux. Les souverains n'ont besoin que d'en étudier les progrès ; ils auront toujours la faculté de s'en rendre maîtres et de les diriger à leur gré, pourvu qu'ils en aient la volonté. Au lieu de cela, Ferdinand se jeta dans un dédale d'aberrations. Ainsi l'Europe vit avec stupeur persécuter, exiler et incarcérer une partie de ces mêmes hommes qui s'étaient si glorieusement distingués dans les guerres sanglantes qu'ils eurent à soutenir contre l'oppresseur de leur roi et de leur patrie ; plus tard, elle vit périr Porlier et Lascy, pour avoir entrepris d'introduire un système pour le triomphe duquel Quiroga et Riégo ont été récompensés, en employant pour l'obtenir les mêmes moyens que leurs prédécesseurs.

Si les peuples ont des obligations à remplir envers les rois, ceux-ci, de leur côté, n'en ont-ils pas aussi envers les peuples, par rapport à eux-mêmes et au rang où le ciel les a placés ? De quel sentiment de consternation n'ont-ils pas été saisis les amis du trône et de la légitimité, en voyant le roi d'Espagne adopter, à l'aspect de ses soldats révoltés, des principes qu'il avait si ouvertement proscrits. Si la constitution des cortès était nécessaire au bonheur des

---

(1) M. le vicomte de Châteaubriant.

Espagnols , comme il le dit ostensiblement aujour-
d'hui, pourquoi ne pas la leur donner de sa propre
volonté? Si elle doit leur être préjudiciable, pourquoi la leur imposer à la vue du danger? Dans les
deux cas, son imprévoyance ou sa faiblesse sont
condamnables. Il valait mieux plutôt laisser crouler
sous ses pieds le trône de Charles-Quint que d'en
ternir l'éclat. A quel avenir affreux ne s'est-il pas
livré, lui et ses sujets! Combien d'actes contradic-
toires vont se succéder! de quelle ingratitude ne
fait-il pas preuve! Naguère il exilait, condamnait
au supplice ceux qui avaient défendu son royaume;
aujourd'hui, il est obligé de proscrire et traduire
devant les tribunaux ses amis les plus intimes, dont
tout le crime est de lui avoir conseillé les moyens
qu'ils croyaient les plus propres à sa prospérité. Un
changement aussi subit et une conduite aussi opposée, lui attireront-ils l'estime de l'univers, et une
confiance sans bornes de la part de ses sujets?

Un illustre empereur a dit (1): « Les institutions
qui viennent du trône, sont les seules légales et
durables. » J'ajouterai à cela qu'elles seules peuvent
procurer le bonheur à une nation, et la préserver
de ces crises terribles qui conduisent à l'anarchie
et menacent de nous replonger dans la barbarie.
Ces transitions violentes, en froissant des grands
intérêts et choquant toutes les idées reçues, doivent

____

(1) L'empereur Alexandre.

produire des mécontents: de là naissent des divisions, des haines et ensuite des guerres civiles. Voilà leur nature, leur marche et leur résultat.

Jusqu'ici ce n'est qu'un concert d'éloges sur la tournure modérée qu'a prise cette révolution. Hélas! nous aussi nous eûmes notre 89 et 90; à cette époque aussi tout s'offrait à nos yeux sous les couleurs les plus riantes; tout le monde accueillait les nouveautés avec une ardeur qui tenait du délire: combien était petit le nombre de ceux qui gémissaient en prévoyant leurs effroyables conséquences! Mais les Espagnols, dit-on, ont pour eux l'expérience de nos folies et de nos malheurs! L'expérience!... voyez donc nous-mêmes comme nous en profitons! Mais les Espagnols sont sages et raisonnables! comme si en révolution les hommes pouvaient jamais être raisonnables! D'ailleurs, quelle excellente preuve de sagesse et de raison n'ont-ils pas donnée en faisant connaître leurs vœux et leurs besoins à leur roi en lui mettant la baïonnette sur le cœur, ou bien en recevant la loi d'une soldatesque révoltée, conduite par des fanatiques qui se trouvaient confondus dans la troisième classe de la hiérarchie militaire.

En admettant que la révolution d'Espagne sera différente de toutes celles qui ont affligé tant d'autres nations, et dont l'histoire nous retrace l'affreux tableau; qu'elle sera contraire à sa nature, qui est le désordre, la confusion et l'anarchie; que chacun fasse gaîment le sacrifice de ses plus chers intérêts, de ses affections, de ses souvenirs, et abjure les croyances dans lesquelles il a vécu heureux jusqu'alors ; enfin que ce soit une révolution tout à la rose, le principe n'en est pas moins effrayant ; et malheur, oui, malheur aux souverains, si leurs armées, instruites par cet exemple, apprennent à connaître leur force et leur pouvoir, et si des chefs turbulents peuvent compter d'avance sur ce que le parjure leur rapportera.

Le sort de l'Espagne est encore enveloppé dans des nuages ténébreux ; si elle reste livrée à elle-même, la guerre civile est infaillible ; si les grandes puissances interviennent dans ses affaires et l'obligent à refondre sa constitution pour en établir une calquée sur la nôtre, elle pourra sortir triomphante de la position dangereuse où elle s'est placée. Il serait absurde de prétendre qu'un peuple peut se déchirer tout à son aise sans que ses voisins aient le droit de l'en empêcher. L'Europe ne formant qu'une seule et même famille, doit employer ce qu'elle a de force pour s'opposer à ce qu'une partie de ses enfants s'égorgent entr'eux, et aillent porter leurs fureurs sur tout ce qui les entoure ; de même qu'on lie un fou pour qu'il ne puisse pas se détruire, ni faire du mal aux autres.

Je vois avec peine que l'Espagne ait épuisé ses finances pour faire des armements contre ses sujets d'outre-mer ; elle n'a fait en cela que réunir des masses de troupes qui lui ont été funestes : elle aurait dû se persuader que l'Amérique lui est échappée sans retour ; que si présentement elle réussissait à la soumettre, ce ne serait que pour la voir bientôt recommencer de plus belles, jusqu'à ce qu'elle ait obtenu son émancipation.

La conquête du Nouveau-Monde est cause de la décadence où elle est tombée ; elle ne se relèvera que du jour qu'elle en fera le sacrifice, et qu'elle bornera son ambition à l'industrie et à la culture de son territoire.

Je suis étonné que l'Angleterre, au lieu d'aider l'Espagne à réduire les insurgés, elle qui a tant d'intérêt à empêcher que leur exemple ne se propage , ait laissé recruter leurs armées à Londres ; qu'elle ait souffert qu'ils y vinssent s'approvisionner de vaisseaux, d'armes et de munitions de guerre : je ne qualifierai pas cette conduite, un jour elle en recueillera le fruit. Elle se persuade apparemment que les Américains avaient raison d'être mécontents, tandis que les Indiens doivent se trouver trop heureux de vivre sous ses lois ; mais pense-t-elle sérieusement qu'un peuple pourra jamais aimer des lois qui lui sont imposées par ses vainqueurs ? Du reste, les principes de sa domination dans l'Inde, sont aussi odieux que ceux des Espagnols en Amérique.

Les puissances maritimes de l'Europe se sont fait une politique extrêmement commode, en prétendant qu'il leur suffit de découvrir des pays loin-

tains pour qu'ils leur appartiennent de droit (1).
Partant de là, elles vont à la chasse aux empires, ainsi qu'un particulier va à la chasse aux per-
dreaux. Elles arment quelques bâtiments de guerre,
les lancent sur l'Océan , et puis voguent au hasard !
Après plusieurs jours de navigation, le chef de
l'escadre aperçoit-il une terre avec sa lorgnette, il
y débarque, s'informe préalablement si un autre
flibustier européen ne l'a point devancé ; car alors
consciencieusement il se retirerait, sur tout s'il le
savait plus fort que lui; tranquillisé sur ce point, il
déclare solennellement que cette contrée lui appar-
tient, et il procède en conséquence. Ensuite il dit
aux habitants : considérant que, d'après nos usages
et nos mœurs, les hommes font partie inhérente du
sol, et que celui-ci est incontestablement à moi, vous
êtes également ma propriété ; jusqu'ici vous n'avez
été que des misérables idiots ; eh bien, moi je viens
vous apporter de l'esprit et vous rendre heureux
à ma manière, c'est-à-dire, courber vos têtes sous
mon joug, et vous faire travailler à mon profit
comme des bêtes de somme. Malgré l'évidence et
la moralité de ces arguments, dans le nombre il se

---

(1) Je vois avec plaisir que la Russie vient de faire la
découverte de plusieurs îles intéressantes , et que loin
d'abuser de sa force pour opprimer les habitants , elle a
cherché à s'en faire des amis : puisse-t-elle persévérer dans
de pareils sentiments et trouver beaucoup d'imitateurs !

trouve toujours des êtres assez récalcitrants pour ne pas vouloir s'y rendre : alors, pour la plus grande gloire de l'humanité, et pour le triomphe de la raison, on les sabre, on les mitraille, on les brûle. La correction paraît un peu sévère ; mais dans le fait on n'a pas tort, car enfin pourquoi ces infortunés s'avisent-ils de se croire des hommes, tandis qu'ils ne sont pas nés sous notre hémisphère, et osent-ils s'imaginer que les champs qu'ils ont reçus de leurs pères sont à eux ? Pourquoi aussi les princes de ces vastes régions ne viennent-ils pas gaîment tendre les mains aux fers qu'on leur présente ? et au lieu de nous offrir le spectacle de leur désespoir et de leur ingénuité, que n'ont-ils comme nous, grâce à la civilisation, une bonne provision de ces superbes machines et de ces savants procédés qui exterminent si lestement son prochain. J'admire ces très philanthropes et très civilisés européens, de se fâcher quand on use de représailles envers eux.

Je demanderai aux Espagnols, par exemple, s'ils vouent leurs aïeux à l'exécration pour avoir chassé si poliment les Sarrasins de leur pays, et je vois mes concitoyens qui louent beaucoup nos devanciers d'avoir expulsé les Anglais de France, nonobstant que les provinces qu'ils y avaient leur étaient acquises par droit d'héritage ? On me répondra qu'une action est juste ou injuste, suivant qu'elle nous est avantageuse ou préjudiciable.

CHAPITRE II.

Sur la Révolution de Naples.

Le cœur d'un Bourbon est un fonds inépuisable de grandeur et de bonté: aucune preuve palpable du crime et de la perversité, dont il aura été mainte fois victime, ne lui fera croire à la possibilité du crime et de la perversité. Il faudrait qu'il régnât sur un peuple tel que Rousseau le voulait pour son gouvernement démocratique, c'est-à-dire, un peuple de dieux. Je n'aurai jamais la force de trouver un motif de reproche envers les dignes petits-fils de Henri IV, dans de si précieuses qualités, quoiqu'elles soient incontestablement la cause de leurs malheurs et des nôtres. Cependant, j'oserai le dire, le pardon des erreurs, des offenses, des forfaits même, est le partage d'une belle ame, d'une ame vraiment royale; mais caresser, encourager, récompenser ceux qui s'en sont rendus coupables, est d'un exemple pernicieux et d'une faiblesse déplorable. C'est une politique bien pitoyable que de vouloir acheter ses ennemis : c'est le véritable moyen de n'avoir point d'amis. Quels que soient les trésors, les places et les dignités dont un gouvernement puisse disposer, il n'en aura jamais assez, si se mettre en opposition avec lui est le chemin le plus sûr pour arriver à la fortune ; car tout le monde entrera en concurrence.

Tandis qu'avec l'argent qu'il pourrait employer pour gagner un seul de ses adversaires, il contenterait mille de ses partisans, sur le dévouement desquels il peut toujours compter. Il serait bien plus sage et plus facile de combattre l'influence des premiers que de leur prodiguer les trésors et le pouvoir qu'ils tourneront immédiatement contre vous.

Ferdinand IV, en revenant à Naples, crut devoir imiter l'auguste chef de sa race, en consacrant de son autorité les fortunes et les dignités acquises sous l'usurpation, sans considérer que sa position n'était point la même. En effet, parmi les nouvelles fortunes et illustrations que le roi de France avait trouvées en montant sur le trône de ses pères, il y en avait, sans contredit, qui s'étaient formées dans les ordures de la révolution; mais le reste était le fruit du talent, du courage et des services en tous genres rendus à la patrie. Il en était autrement à Naples, où, après peu d'années d'absence, le roi ne vit dans ceux qui occupaient les hautes fonctions de l'État, que des grands seigneurs qui avaient déserté sa cause, ou des valets et des séides de Murat, qu'aucun mérite ni services éminents ne distinguaient.

On me persuaderait sans peine que le gouvernement représentatif est le meilleur des gouvernements possibles et celui qui convient le mieux aux peuples; mais quel est l'homme de bonne foi et le véritable ami de son pays, qui ne sente pas la nécessité d'opérer ces changements par des gradations insensibles, et ne sache point que tout autre voie provoquera des résistances qui amèneront des troubles. Si les royaumes d'Espagne et de Naples ont été jusqu'ici à-peu-près exempts de ces fléaux, ne serait-ce pas parce que les deux partis attendent de connaître la résolution que prendront, à leur égard, les grandes puissances de l'Europe, que cette alternative retient l'un dans les bornes de la modération par la crainte, et l'autre par l'espoir? Le temps éclairera nos doutes. Les révolutionnaires napolitains sont d'autant plus coupables que le ministère travaillait avec persévérance à ces améliorations.

Il est possible que le régime constitutionnel change le caractère moral de ce peuple et lui inspire des sentiments plus élevés; qu'il déracine en lui des préjugés absurdes, des habitudes et des inclinations vicieuses; le corrige de cet esprit de ruse, de fausseté, qui le ravale aux yeux des étrangers; qu'il le rende plus laborieux, lui donne le goût de l'industrie, et fasse perdre aux cultivateurs une mauvaise routine qui diminue la quantité et la qualité de ses productions territoriales. Oui, je veux qu'il le conduise infailliblement à la jouissance de tous ces avantages; mais ceux qui connaissent la nation napolitaine n'avoueront-ils pas avec moi qu'elle a besoin d'y être préparée ; et l'autorité placée au centre de tous les intérêts, n'est-elle pas plus à même de savoir et d'apprécier ce qui lui convient ? S'il arrivait qu'elle se trompât, chaque ville ou commune du royaume ne renferme-t-elle pas des notables qui peuvent déposer au pied du trône l'expression de leurs concitoyens ? Cette manière de procéder n'est-elle pas à-la-fois plus certaine, plus juste et plus légale que celle d'envoyer au palais du souverain une soldatesque effrénée, suivie d'un essaim de gueux pour lui dicter des lois ? Les factieux appellent cela la représentation nationale armée. Dieu nous garde de pareils représentants !

Disons-le franchement, c'est précisément parce que ce procédé est plus juste et plus légal, que les perturbateurs du repos public n'en veulent pas, le bien-être de leur pays n'étant jamais pour rien dans leur infernale conduite. Ce qu'ils veulent, ce qui fait l'objet constant de toutes leurs pensées, c'est le pouvoir, les richesses, les distinctions ; et pour se les approprier, il leur faut le désordre, le renversement du trône légitime et la destruction de ses zélés défenseurs.

Après la restauration, le roi de Naples se trouva environné de deux partis divisés d'opinions, de principes et d'intérêts ; l'un se compose de ceux qui ont tout perdu en servant sa cause, l'autre de ceux qui ont tout gagné en la combattant jusqu'à la dernière extrémité : c'était néanmoins par l'un des deux qu'il fallait se décider à gouverner, et la raison, la justice, et le sentiment de sa propre conservation, indiquaient assez celui qui devait avoir la préférence. Tout partage devenait dangereux, en ce qu'il existe entr'eux une antipathie qui rend toute fusion impossible. Mais à part les difficultés sans nombre qu'il y a à s'appuyer sur le premier, quelle confiance pouvez-vous accorder à des hommes qui abandonnèrent leur roi, leur père, un Bourbon enfin, pour se ranger sous les drapeaux d'un étranger parvenu ? Pour rendre ce parti nul, il n'y a qu'à l'éloigner des affaires, lui ôter le commandement des armées, dont il fera mauvais usage, et le livrer à l'envie et au mépris qu'il inspire. Si, contre toute justice, et en oubli de votre sûreté, vous vous résolvez à abaisser l'autre, il faut l'exterminer, oui l'exterminer ; car les tempéraments moyens ne suffiront pas : c'est en vain que vous l'abreuverez de dégoûts, que vous le priverez des emplois, que vous le laisserez dans la misère, que vous verserez sur lui le ridicule, que, ligués avec des écrivains perfides, vous vous escrimerez pour prouver que l'honneur et la fidélité sont des niaiseries et la félonie de la générosité ! ces nobles champions de la royauté qui ont su braver, de la part de leurs ennemis, les persécutions et la mort, à quelque condition que vous les réduisiez, trouveront au fond de leur ame cette force invincible qui caractérise la vertu, et qui leur fera souffrir avec résignation les iniquités dont vous chercherez à les accabler. D'ailleurs, en admettant, ce qui est impossible, que l'exemple d'une aussi barbare ingratitude ne vous produise désormais que des serviteurs sincèrement dévoués, croyez-vous par-là avoir satisfait ses antagonistes ? Non, non, parce qu'il n'est pas en votre pouvoir de leur ôter la conscience, juge inexorable qui nous poursuit en tout lieu; et tandis qu'il console les bons des vicissitudes de ce bas monde, il fait le supplice des méchants fortunés. La présence de ces hommes de bien sera pour eux un reproche continuel de leur conduite passée, et causera incessamment leur honte; rien n'importune tant le vice que l'aspect de la vertu. Vous les verrez d'abord se servir de l'autorité dont vous les aurez armés pour anéantir vos amis, et tourner ensuite leurs fureurs contre vous.

Les feuilles publiques annoncent que la cour de Vienne fait marcher des troupes sur l'Italie. J'avais prévu que ce cabinet, toujours guidé par une politique bien entendue, s'empresserait d'étouffer un incendie qui menace d'embraser les possessions qu'il a dans cette presqu'île. Espérons que des considérations secondaires ne le détourneront pas de la résolution qu'il paraît avoir prise, et que la réussite, couronnant ses efforts, apprendra aux séditieux que le repos des peuples a encore de puissants protecteurs, et que tous les souverains ne livrent pas la sûreté de leur trône et l'existence de leurs sujets à l'ambition d'une tourbe d'intrigants.

En voyant la fermentation qui règne chez les Italiens, on ne peut s'empêcher de leur appliquer ce proverbe : que l'homme n'est jamais content de ce qu'il a. Ils détestaient les Français lorsqu'ils étaient chez eux ; aujourd'hui on prétend qu'ils les regrettent, et qu'ils abhorrent les Allemands. Toutefois leur agitation et leur haine ne seront jamais le sujet d'une crainte bien sérieuse pour les enfants de l'antique Germanie ; la rusticité belliqueuse de ceux-ci a trop d'ascendant sur leur mollesse efféminée. Mais s'il est vrai qu'ils brûlent du noble desir de se former en nation indépendante, pourquoi n'ont-ils pas saisi l'occasion qui s'en présenta en 1814 et 1815 ?

Murat avait conçu le vaste projet de réunir toute la Péninsule italienne sous sa domination. Quel royaume c'eût été ! Une population d'environ quinze millions d'habitants, répandue sur le plus beau sol qu'il y ait sous le soleil ; produisant à-peu-près toutes les denrées qui viennent dans les quatre parties du globe ; confinant, par ses deux côtés, avec la Méditerranée et l'Adriatique ; terminé par la Sicile ; au continent, fermé par les Apennins, lesquels ont pour bastion Gènes et Alexandrie, longeant ensuite les montagnes du Tyrol, du Frioul, de la Carniole, et allant se perdre au fond de l'Istrie.

Murat parut dans la Marche d'Ancône avec une armée de quatre-vingt mille hommes, qu'il avait formée à Naples avec des peines incroyables et des frais énormes ; il traînait à sa suite des sommes considérables d'argent, qu'il dépensait avec faste ; il se montrait affable, généreux, récompensant en roi ceux qui se vouaient à son service ; il avait une réputation de bravoure non contestée ; sa conduite à Naples parlait en sa faveur. Que leur fallait-il de plus! C'était un usurpateur ! à la bonne heure ; mais ils se trompent fort s'ils espèrent cette réunion de la part de la légitimité ; et je leur prédis qu'ils n'auront jamais une circonstance plus favorable. L'Autriche se trouvait engagée dans une guerre formidable contre Buonaparte; l'Italie ne voyait autour d'elle d'autre force pour la soutenir que celle de Murat ; toutes les petites souverainetés avaient été divisées depuis long-temps ; ainsi les droits des anciens princes étaient confondus, méconnus, ou tout au moins oubliés par le peuple. Eh bien, que firent les Italiens dans cette conjoncture ? Loin d'aider de leur fortune et de leur vie celui qui venait se mettre à leur tête sous des auspices si avantageux, ils restèrent dans l'indifférence et l'inertie la plus complète. Ils ont donné par-là la mesure de ce qu'ils sont capables de faire comme nation. Désormais il ne leur reste qu'à se soumettre à l'autorité paternelle de leurs princes, de vivre en paix sous l'égide tutélaire de l'Autriche, et de savoir jouir des biens dont la Providence les a si généreusement dotés ; car, en cas de guerre, ils seront toujours les *Jannots battus payant l'amende.*

CHAPITRE III.

Sur la Conspiration Militaire découverte à Paris le 19 août 1820.

JE n'avais pas terminé le chapitre sur la révolution de Naples, que j'entends annoncer la découverte d'une nouvelle conspiration dirigée contre les jours de l'auguste famille de nos rois, et pour renverser les institutions qu'elle nous a données. La plume tremble dans la main en retraçant de pareilles horreurs. Quel démon nous possède ? quelle fièvre délirante porte les hommes à braver l'échafaud, à faire violence à tous les sentiments d'honneur, de devoirs et d'affections pour l'affreux plaisir de troubler la société ? C'est, osons le répéter, c'est le système exécrable qui fait accueillir, récompenser la trahison, et livrer la fidélité à l'oubli et à tous les genres de vexations.

On ne sait de ce qui doit le plus pétrifier d'épouvante et d'horreur, ou de l'audace féroce des révolutionnaires, ou de l'imperturbabilité des ministres que nous voyons se succéder depuis cinq ans. Il n'est aucun Français, à quelque opinion qu'il appartienne, ni un être pensant en Europe, qui n'ait l'intime conviction que ce système de conjurations se rattache à un vaste projet ourdi contre la légitimité ; qu'en tête d'une machine aussi étendue que compliquée, il doit y avoir des chefs puissants, riches et influents ; néanmoins parmi les accusés qui ont figuré dans les jugements, nous n'avons vu que des individus subalternes, ou faisant partie de la dernière classe de la société ; qu'ainsi, en déjouant une conspiration, on ne fait que couper un fil qui se renoue sur-le-champ par le soin des meneurs et au moyen de l'or dont ils disposent ; et qu'enfin, après en avoir déjoué vingt, la vingt-unième nous engloutira dans le gouffre que des monstres ont creusé sous nos pas. Cela est évident, palpable, incontestable pour tout le monde ; les ministres seuls ne le voient pas. Les royalistes ne cessent de leur montrer au doigt la source de nos maux. Parmi eux il y a des hommes dont personne ne conteste les lumières et la loyauté ; leurs prophéties se sont jusqu'ici de point en point accomplies ;

neanmoins on continue à ne pas les croire. Quel génie obstiné à notre perte les maîtrise! Ceux que nous avons aujourd'hui sont connus par leurs bons sentiments, leur probité et leur talent : qui donc peut les empêcher d'arrêter les progrès du mal qui nous dévore? Ils s'évertuent à nous forger des lois, comme s'ils ignoraient que les lois punissent le crime, mais ne le préviennent pas; et lorsque les conspirateurs auront égorgé le roi et son auguste famille, qu'ils nous auront plongés dans l'anarchie, sera-t-il bien temps de procéder contre eux? Le dernier ministère destituait en masse les administrateurs qui s'étaient signalés par leur attachement aux nobles descendants de S. Louis; celui-ci n'ose remplacer ceux dont la conduite passée n'offre nulle garantie pour l'avenir, et les braves généraux qui, à deux époques différentes, ont sauvé la monarchie et préservé la France de la guerre civile, n'ont pas encore été remis en activité : on craint peut-être de donner trop de sûreté au trône et d'effrayer les factieux. Cependant personne ne doute des excellentes intentions du ministre de la guerre.

A chacune des catastrophes dont nous avons été témoins, on s'attendait à voir le ministère changer un système qui compromet si fortement notre existence, et prendre une direction plus sage; qu'il chercherait à consolider le trône des Bourbons, en l'entourant des hommes qui se sont en tout temps consacrés à sa défense, et de ceux qui, depuis la restauration, se sont dévoués à lui d'une manière irrévocable. Vain espoir ! nous sommes condâmnés à périr victimes de leur irascible amour-propre. Eh! quoi, vos entrailles ne se troublent-elles pas à l'aspect de la patrie éplorée, qui, au bord du précipice, vous tend des mains suppliantes ! Si nos malheurs vous touchent, et si vous reconnaissez que la marche suivie jusqu'à ce jour, a causé tous nos désastres, pourquoi ne pas l'abandonner, et essayer d'une autre, quitte à en changer encore si elle ne produit pas le bien que vous vous en serez promis? Les royalistes sont là, prêts à voler à votre secours; ils vous aideront de leurs talents et de leur influence; vous savez s'ils ont jamais manqué à leurs engagements, et le cours de leur vie entière vous répond de leur zèle pour le service du Roi. Que tardez-vous à les appeler? Pensez-vous qu'il importe à la France que tels ou tels individus, au nombre de quelques centaines, occupent les emplois et reçoivent de forts émoluments? ce qui lui importe essentiellement, c'est que son avenir soit assuré. Et vous-mêmes, s'il est vrai que vous aperceviez l'abîme entr'ouvert sous nos pas, et que des considérations inextricables, ou bien plutôt que l'empire de la fatalité vous empêche de le fermer, ne pouvez-vous faire le noble sacrifice de vos places, et laisser à d'autres moins timides le soin de nous sauver? La patrie reconnaissante vous saura gré du bonheur qu'un si louable désintéressement lui aura procuré.

CHAPITRE IV.

Sur la marche du Ministère Français depuis la Restauration.

Toute la science de gouverner consiste dans ce peu de paroles sorties de la bouche d'un prince justement révéré : « Il faut s'entourer de ses amis, et » tendre la main à ses ennemis. » Il n'y avait en France qu'à suivre cette maxime, avec justice et fermeté, pour asseoir le trône des lis sur des bases inébranlables. La haute sagesse de nos hommes d'État en a décidé autrement; si pour les faire revenir sur leurs pas, il n'y avait qu'à les convaincre qu'ils ont tort, les faits se présenteraient en masse et ne laisseraient que l'embarras du choix; mais cela ne servirait absolument à rien.

Le ministère de 1814 crut qu'il pouvait réédifier la monarchie légitime avec les mêmes hommes qui la combattaient depuis bien des années. J'aime à reconnaître que la majeure partie d'entre eux l'avait combattue sans prévention, sans haine contre elle, seulement par circonstance, par nécessité, ou enfin dans la vue d'être utile à son pays. Je pense néanmoins que les affections et les intérêts qui les liaient à l'état des choses passées, autorisaient assez la défiance à leur égard. Le 20 mars, ainsi qu'il avait été prédit, arriva; alors tous les masques tombèrent, tous les doutes s'éclaircirent; et cet événement, qui attira sur notre malheureux pays un déluge de calamités, profita du moins au gouvernement, en lui faisant connaître positivement ceux sur lesquels il pouvait compter désormais. Les auteurs et fauteurs de cette catastrophe devaient seuls en payer les frais. Que de fortunes honteusement amassées auraient disparu! Le peuple aurait été soulagé, et n'aurait pas manqué de répéter le dit-on, *que le bien mal acquis ne prospère jamais.*

Dans des temps ordinaires, les souverains légitimes n'ont pas besoin d'avoir un parti, tous les intérêts étant liés et se confondant avec les siens; mais à l'époque où nous vivons, lorsqu'après trente années de tourmentes révolutionnaires, où tant de nouveaux intérêts se sont élevés sur les ruines des anciens, où tant de doctrines subversives de l'ordre social, faites au profit des artisans de troubles, ont corrompu toute une génération, les héritiers de Saint-Louis eux-mêmes ne doivent pas négliger d'en avoir un et de s'en appuyer, ce qui vaut beaucoup mieux que d'être obligé d'attendre des secours des étrangers, qui les font payer bien cher. Sans compter que c'est à eux que nous avons dû deux fois le bonheur de posséder nos princes, qui peut douter que le séjour de leurs armées sur notre territoire, ainsi que le pacte de la Sainte-Alliance qu'ils ont stipulé, et qui déconcerte les factieux, ne nous aient préservés de plusieurs 20 mars!

Je ne conteste pas que les trois quarts de la France ne soient sincèrement attachés à l'auguste famille des Bourbons, et aux institutions que nous tenons d'elle ; mais on se tromperait singulièrement si on inférait de là que le parti royaliste est le plus fort. Ici la force ne consiste que dans le nombre des individus toujours prêts à entrer dans l'arène pour le triomphe de la cause qu'ils ont embrassée, qui y consacrent continuellement leurs talents, leur fortune et leur vie.

Je n'essaierai pas d'établir un calcul hypothétique sur la force réelle que présente chacun des deux partis bien distincts qu'il y a en France ; je vais m'appliquer seulement à faire la comparaison de leurs moyens respectifs, et il sera facile de juger de quel côté penche la balance. En tête des royalistes, on distingue des hommes dont l'Europe honore les vertus et le génie, des grands politiques qui sauraient nous préserver du bouleversement dont nous sommes menacés. Le reste, pour la plupart (parmi ceux dont le rang et le nom leur donnent du crédit), ont une bonté d'ame et une douceur de caractère qui les rendent inu-

tiles en temps de crise. Les libéraux ont pour eux
les richesses, l'activité, l'énergie, la persévérance
et une volonté inébranlable ; avec ces qualités-là,
il est rare qu'on n'arrive pas au but qu'on se pro-
pose. Les premiers ont le défaut de se diviser et
subdiviser en une infinité de fractions, et le creu-
set par lequel ils font passer leurs affiliés, se res-
serre en raison qu'ils avancent en prospérité ; de
sorte qu'il n'y a que des anges descendus du ciel
qui pourraient résister à l'épreuve. Les libéraux
de 93 demandaient aux adeptes qui se présen-
taient : « Qu'as-tu fait pour être pendu ?... » Ce
qui mettait le récipiendaire à l'aise, et leurs rangs
se garnissaient. Ceux d'aujourd'hui sont peut-être
plus rigides ; néanmoins il est certain qu'ils n'exi-
gent que les qualités dont ils peuvent tirer parti :
talents et audace. Dans le côté droit, il y a une
infinité de petites jalousies et beaucoup d'égoïsme;
ceux qui se trouvent en position d'aider les autres,
craignent toujours de trop faire pour eux ; ils ta-
rifent au *minimum* les blessures, les années de
prison, et les traits de dévouement dont on aura
fait preuve pour la cause commune.

En 93, quand les administrateurs des départe-
ments écrivaient à Roberspierre que les sans-culottes volaient et pillaient tout, celui-ci répon-
dait que les sans-culottes ne volaient rien puisque
tout leur appartenait. Les frères et amis de 1820,
sitôt que quelqu'un s'offre à leur service, ils l'ac-

cueillent, le fêtent, toutes les bourses lui sont ou-
vertes, les promesses les plus magnifiques lui sont
faites. On m'objectera à tout ceci que les moyens
dont on se sert envers le scélérat pour lui faire
commettre le crime, ne conviennent pas à l'homme
d'honneur qui combat pour la vertu ; d'accord,
aussi n'ai-je pas eu l'intention d'établir un pa-
rallèle, mais de démontrer la nécessité de se créer
des partisans ; car, comme l'essentiel est de réus-
sir, quand on a en face un ennemi redoutable,
il faut autant que possible égaliser les armes, et
ne jamais oublier que cette terre n'est point ha-
bitée par des anges. L'intérêt est inhérent à la nature de l'homme, et, dans le siècle où nous sommes,
il faut lui tenir compte de savoir concilier le sien
avec des principes louables et avec l'accomplissement de ses devoirs. Combien de gens qui,
au 20 mars, suivirent le drapeau sans tache, et,
d'autres qui, moins heureux, en prirent le chemin
sans pouvoir l'atteindre, qui maintenant parlent
et agissent dans un sens tout-à-fait opposé? Ce
sont, me dira-t-on, des êtres méprisables qui
n'avaient pas une opinion fixe; sans doute, mais
il fallait savoir la fixer. Quelle vertu plus qu'hu-
maine ne faut-il pas avoir pour persévérer dans
des sentiments qui ne vous offrent que la chance
d'être écorché vif, ou de mourir sous les étri-
vières! Adoucissons le trait. Eh bien, je dirai que
si vos adversaires ont le dessus, la proscription,

les cachots et la mort vous sont réservés ; si vous triomphez, les vexations , la misère et le mépris sont votre partage.

L'ingratitude est un vice qui refroidit vos amis, et dégoûte ceux d'entre vos ennemis qui seraient tentés de se réunir à vous. La générosité , même jusqu'à la prodigalité , produit toujours un effet salutaire ; elle vous conserve des défenseurs ardents ; et, après que leurs envieux ont bien murmuré , clabaudé, contre les faveurs prodiguées, ils finissent eux-mêmes par se dévouer à des maîtres qui récompensent largement. Concluons : au commencement de 1816 , la part que les royalistes avaient dans l'administration, soutenue de l'ascendant que leur caractère exerce sur l'opinion publique, balançait les avantages des jaco-libéraux ; le ministère précédent les en ayant écartés, a rompu l'équilibre, et a jeté le vaisseau de l'État sur une mer battue par une tempête effroyable : présentement celui qui en tient le timon ne fait que louvoyer, et n'a pas la force de le diriger vers le port du salut. Cependant que l'ennemi vogue à toute voile pour le pousser vers l'écueil. A la vue d'un danger aussi pressant qu'horrible, quel est le père de famille et le bon citoyen qui ne s'écriera avec l'auguste victime expirante : O ma patrie ! ô malheureuse France !

CHAPITRE V.

Sur la marche qu'a suivie le Ministère Français depuis la Restauration.

SECONDE PARTIE.

On se trompe fort quand on croit qu'il faut beaucoup de génie pour administrer un royaume : le bon sens, la franchise et la probité suffisent. Si je voulais savoir si un peuple est heureux, je m'informerais bien moins de la bonté de ses lois, que de l'honnêteté de ceux qui le gouvernent. Je n'hésite pas à décider que la marche suivie par nos différents ministères, est cause que les révolutions d'Espagne et de Naples ont éclaté, et qu'elle entretient en Europe cette inquiétude vague, mais réelle qui se manifeste souvent par d'horribles catastrophes. Je remarque que naguère nos libéraux (1) ne cessaient de vomir feu et flamme contre les étrangers, nommément contre les Anglais et les Prussiens ; qu'ils faisaient un crime aux royalistes de ne point partager leurs fureurs. Ils accusaient les premiers d'être nos implacables ennemis, les usurpateurs de l'empire des mers, les monopoleurs et

----

(1) Par libéraux j'entends ici les jacobins, les révolutionnaires.

oppresseurs de notre commerce ; les seconds, d'être des Vandales, des vainqueurs atroces qui ont abusé envers nous du droit de la victoire. Tout-à-coup nous les voyons se lier avec les radicaux de Londres et les illuminés de Berlin, pour réclamer ensemble les *bienfaits* de la réforme et d'une constitution. Ici de deux choses l'une, ou ces nouveautés sont bonnes ou elles sont mauvaises ; si la réforme demandée par les radicaux doit être favorable à l'Angleterre, nos libéraux sont anti-français en souhaitant à nos *implacables ennemis* un surcroît de prospérité qui augmentera leur prépondérance et anéantira totalement le peu de commerce qui nous reste. De même que si une constitution doit procurer aux Prussiens une félicité parfaite, il faut ne pas avoir des entrailles françaises pour vouloir que ce peuple *barbare*, *féroce*, *qui nous a si cruellement maltraité*, jouisse d'un bonheur qui, nécessairement, nous deviendra funeste ; car l'adversité abat et accable les hommes, tandis que la prospérité les élève, et leur donne de l'énergie : or, comme le gouvernement représentatif est un gouvernement par *excellence*, les Prussiens gagneraient en splendeur, fortune et force, en sens inverse que nous perdrions, vu qu'on n'est heureux, riches et puissants que par termes de comparaison. Ainsi, les libéraux seraient ennemis de la félicité, de la grandeur et de la gloire nationale. Si, au contraire, ces innovations doivent faire le malheur de ces peuples, de quel front osent-ils mentir à leur conscience et à l'univers entier, en affectant pour eux une fausse philanthropie, alors qu'ils en projettent la destruction complète.

Persuadé qu'ils seraient embarrassés pour résoudre ce dilemme, je vais leur en épargner la peine. Nous savons que ces Messieurs connaissent à merveille ce qui leur est avantageux, et ils n'ignorent pas que si l'Espagne, l'Italie, l'Allemagne et l'Angleterre étaient en proie aux horreurs de la guerre civile, les souverains, signataires de la Ste.-Alliance, se trouveraient assez inquiétés de leurs propres affaires, pour qu'ils ne songeassent pas à venir en France empêcher l'accomplissement du grand œuvre. Voilà le motif réel de leur feinte sollicitude pour le peuple, de leur amour pour les soldats parjures, et de leur ridicule admiration pour ces héros factieux dont leur biographie libérale fait un si pompeux éloge.

CHAPITRE VI.

Sur la marche qu'a suivie le Ministère français depuis la Restauration.

TROISIÈME PARTIE.

Au sortir d'une révolution, le premier besoin d'un gouvernement c'est d'en réparer les désastres, et il doit y procéder avec la plus rigoureuse impartialité ; il doit s'isoler des coteries, se mettre au-dessus de toute prévention, pardonner les fautes, oublier les erreurs, faire trembler les méchants au lieu de les craindre, et consoler la vertu malheureuse. Il doit ensuite s'appliquer à extirper les doctrines démagogiques, et inspirer au peuple, particulièrement à la jeunesse, des principes de religion, de morale et de modération ; à imprimer aux institutions une impulsion monarchique : comme le bien-être commun dépend de la force et de la stabilité du trône, il doit combiner les lois de manière qu'elles concourent toutes à ce résultat. Le trône devant être la source de toutes les faveurs, il faut que tous les métiers, arts, talents, courage, trouvent auprès de lui l'aliment et le but de leur

ambition, afin que cet immense concert d'ému-
lation tende directement au profit de sa gloire et
de sa grandeur; jaloux de ses prérogatives, il doit
ruiner, détruire sans pitié toute influence rivale.

La Charte a consacré irrévocablement la vente
des biens nationaux; mais en faisant ce sacrifice
au repos public, l'intention du suprême législateur
n'était assurément pas que les dépossédés vinssent mourir de faim à la porte de leur hôtel, qu'ils
n'avaient perdu que pour être demeurés fidèles
à Dieu et à leur Roi. Aucune disposition de ce
pacte fondamental ne défend de favoriser les tran-
sactions qui pourraient se faire à l'amiable entre
les nouveaux et les anciens propriétaires, ni d'accorder une indemnité convenable à ces derniers,
unique moyen d'amener une réconciliation dura-
ble, en satisfaisant les uns et rassurant les autres :
tous les hommes qui portent un cœur droit et hu-
main le desirent. Un des généraux que la France
s'enorgueillit de compter au nombre de ses plus
illustres défenseurs (1), en fit la proposition à la
chambre des pairs : elle fut rejetée. On met en avant
les sommes qu'il nous en coûterait, comme si l'on
pouvait acheter trop cher notre tranquillité. Toutes
les fois que les écrivains royalistes expriment le vœu
de voir accomplir ce grand acte de justice, ceux qui

____

(1) Le maréchal Macdonald.

frémissent en pensant à une réunion sincère entre tous les Français , les accusent d'avoir une arrière-pensée, de vouloir la contre-révolution. J'avoue qu'il faut être bien osé pour parler de contre-révolution lorsque Louis XVIII est sur le trône ; ne s'est-elle pas opérée de droit, le jour que ce Monarque nous fut rendu? Mais, non, il leur importe de faire accroire qu'il n'a fait que remplacer Buonaparte , de même que celui-ci avait supplanté le Directoire. Avec ces idées d'instabilité , ils entretiennent le peuple dans le goût des innovations, et le préparent au changement qu'ils se proposent de lui faire accepter. Il n'y a pas de doute que ces Messieurs font en cela leur devoir; mais l'autorité ne fait pas le sien en les laissant travailler ouvertement à l'œuvre.

Faut-il répéter notre profession de foi , au sujet de l'accusation banale d'avoir des arrières-pensées ? Eh bien, nous leur dirons encore que les royalistes n'en ont pas ; qu'ils ont toujours déclaré hautement leurs opinions et leurs vœux ; qu'ils se soumettent sans peine à la volonté du Roi ; qu'aucun sacrifice ne leur coûtera pour concourir au bonheur de la France; mais qu'ils ne sont pas contents. Comment pourraient-ils l'être ? Ils voient dans leurs rangs une infinité de vieillards honorables qui, après vingt-cinq ans d'exil, ne semblent être revenus dans leur patrie que pour y expirer de misère ; ils.

sont accablés de blessures et d'infirmités, sans avoir de quoi pourvoir aux premiers besoins de la vie; ils ont tout sacrifié en sortant de France, et on ne leur donne rien en y rentrant. Que dis-je? on les abreuve d'outrages, d'humiliations; on cherche à les priver des seuls biens qui leur restent et que leurs plus cruels ennemis n'avaient pu leur ravir, les égards, l'estime, la considération, et cet intérêt touchant que l'on porte aux nobles infortunes. Des ministres du Roi n'ont pas craint de s'allier aux Jacobins, pour les injurier, leur prêter des ridicules, inventer des dénominations absurdes, forger eux-mêmes le protocole de la calomnie, et la répandre à leurs frais dans toutes les parties de l'Europe; et l'on veut qu'ils soient contents! On est indigné quand on entend ces êtres barbares, dont l'insatiable cupidité ne pouvait être assouvie par les dépouilles du monde, faire un crime à ces malheureux de se plaindre, d'espérer et de prétendre à un sort moins funeste.

CHAPITRE VII.

Sur la disposition des esprits en Europe.

LA révolution française, soit par les écrits qu'elle a fait éclore, soit par le séjour de nos armées dans plusieurs contrées de l'Europe, a propagé cet esprit de turbulence et d'ambition qui nous possède, résultat inévitable des grandes commotions politiques qui, en détruisant les intérêts existants, offrent à chaque individu la perspective des richesses et des honneurs; et, comme en pareil cas, personne ne veut rester en arrière, on met tout en usage pour les acquérir, sans faire la moindre attention si les moyens qu'on emploie sont conformes aux principes de justice et de sociabilité : l'idée de surpasser les autres est tout ce qui l'occupe. Cet esprit de vertige s'est particulièrement fait sentir parmi les peuples qui ont subi le joug de notre domination. Tant que nous avons été chez eux, l'amour-propre national, l'inimitié secrète que les vaincus ont toujours pour leurs vainqueurs, les ont tenus constamment en opposition à nos principes et à nos mœurs ; mais aussitôt qu'ils se sont vus débarrassés de leurs fiers oppresseurs, ces mêmes principes et mœurs qu'ils avaient combattus, et qui néanmoins avaient germé dans leur cœur, ont soudain fermenté avec violence; ensuite la douceur paternelle du gouvernement des Bourbons en a occasionné l'explosion.

Les grands incidents politiques dont nous étions journellement témoins, ayant habitué notre ame aux épreuves des fortes sensations, elle s'irrite du calme auquel le retour à l'ordre est venu l'assujettir; de là naît cet empressement à accueillir et à accréditer tous les bruits vrais ou faux de révolte, de guerre ou de possibilité de guerre; de là, cette ardeur de certains publicistes à ne voir dans les armées de telle puissance, dans l'opulence de celle-là, ou les intentions supposées de celle-ci, que des sujets de terreur contre les conquêtes et les renversements de trônes. Sans doute que le projet d'une paix perpétuelle ne s'effectuera pas encore; mais quel droit en litige, quel intérêt positif, peuvent menacer cette paix cimentée par les derniers traités ? Suffit-il qu'un État soit plus fort que son voisin pour qu'il l'envahisse? Non, ce droit affreux de la force n'est plus à l'ordre du jour. Les souverains savent que leur gloire ne consiste pas dans un agrandissement obtenu par l'injustice; s'il pouvait s'en trouver un qui oubliât cette vérité, et voulût rompre l'équilibre établi, la jalousie des grandes puissances et le sentiment de conservation des moyennes, les obligeraient à former une ligue pour le faire rentrer dans le devoir.

La Russie, qui frappe si fort leur imagination troublée, n'est occupée qu'à donner des lois aux diverses nations qui peuplent son empire : d'ailleurs, la sagesse et la modération dont son monarque a fait preuve, sont des gages de sécurité pour l'Europe. Alexandre Ier., assez éclairé pour dédaigner les éloges honteux que des historiens mercenaires prodiguent à ces illustres fléaux de l'humanité qui ont tour-à-tour figuré sur la scène du monde, vise à une gloire plus solide, plus digne de son cœur magnanime, celle de rendre son peuple heureux, de le policer et de faire fleurir ses vastes États, ce qui vaut infiniment mieux que d'en conquérir. Si jamais des idées d'ambition viennent l'agiter, il tournera ses regards vers la Turquie, qui a été depuis plus d'un siècle le point de mire de ses aïeux; mais la résistance que celle-ci leur a toujours opposée, prouve qu'il n'est pas aussi facile de la subjuguer qu'on aurait pu le croire. Au surplus, je lui prédis que du jour où ses armées s'empareraient de Constantinople, daterait l'époque de sa décadence: de Saint-Pétersbourg il peut donner la loi à l'Europe; à Constantinople, il la recevrait.

L'Angleterre, autre épouvantail non moins terrible à leurs yeux, ne peut desirer que de conserver ce qu'elle a , et le jour n'est pas éloigné où elle sera obligée de porter toute son attention sur le colosse qui se forme en Amérique, écueil contre lequel sa puissance et son commerce iront se briser. Tout passe dans ce monde ; mais on ne peut se défendre d'un triste pressentiment pour l'Angleterre, lorsqu'en la voyant arrivée au plus haut degré d'opulence et de splendeur, on considère de près les vices destructeurs qu'elle renferme dans son sein : je veux dire l'énormité de sa dette publique, le caractère altier de son opposition, et surtout l'immensité de ses mendiants, race d'individus raisonneurs, turbulents et audacieux, que l'aspect des richesses irrite et qui est continuellement dans une attitude hostile envers ceux qui les possèdent. Tant qu'elle restera en paix , qu'elle sera heureuse dans ses relations extérieures, l'habileté des ministres, la force du gouvernement, un vieux reste de respect pour les anciens usages, la tireront d'affaires ; mais aux premiers échecs qu'elle éprouvera en luttant avec les États-Unis, quand ses cinquante millions de sujets d'outre-mer auront eu le temps de se reconnaître, que des exemples récents (1) leur auront appris comment ils peuvent s'affranchir des lois qui leur viennent d'une région lointaine , et

---

(1) L'insurrection des Américains.

chercheront à se défaire de cette poignée de soldats qui les leur imposent, l'embarras se fera sentir dans le commerce, l'opposition deviendra plus active et plus menaçante ; elle se grossira de tous les gens aisés qui avaient réglé leurs dépenses sur leurs revenus ou leurs profits annuels ; beaucoup de manufacturiers manqueront, la classe des indigents augmentera, et leurs moyens d'existence diminueront : alors un bouleversement effroyable sera infaillible, et elle ne sortira de ce chaos que pour reprendre le rang que l'étendue et la production de son sol lui assignent ; car toute puissance et toute véritable prospérité viennent de là : celles qui sont basées uniquement sur les conquêtes et sur le haut commerce, s'éclipsent aux moindres revers, et conduisent un peuple à l'asservissement. Rome fut invincible tant qu'elle subsista du produit de son territoire, et qu'elle vit de ses plus illustres généraux aller labourer leur champ après avoir déposé les armes ; mais elle déchut aussitôt que les trésors de l'univers abondèrent dans son sein et qu'elle eut des Lucullus.

La Prusse et l'Autriche, enclavées au milieu de l'Europe, présentent des barrières inexpugnables contre les invasions, mais n'en font point redouter de leur part : cette dernière a cessé d'être dangereuse depuis que la Russie et la Prusse ont acquis une salutaire influence.

Je ne vois, par conséquent, aucun sujet de crainte pour le repos de l'Europe ; le seul ennemi qu'elle a réellement à combattre, c'est l'hydre révolutionnaire, c'est cette fièvre qui nous tourmente pour les innovations. Le germe de ce mal pestilentiel est en France : c'est à l'extirper que doivent tendre les efforts du gouvernement ; et s'il est vrai que tout mal guérit par son contraire, il n'y aurait qu'à opposer, à l'impétuosité des passions, à l'amour du changement, le calme et la stabilité ; à l'athéisme, au mépris du pouvoir, à l'oubli de tous les devoirs sociaux, le triomphe ostensible de la religion, la vénération pour le trône, le respect pour la magistrature, pour la vieillesse et pour l'autorité paternelle ; à l'ambition démesurée, à la paresse, l'estime pour le travail, et la honte pour l'oisiveté, que l'on dit vulgairement être la mère de tous les vices. Surtout, et en dépit du siècle et des prôneurs des lumières, que ceux qui sont chargés de nos destinées tâchent de tout leur pouvoir d'arrêter l'essor de nos dispositions scientifiques ; nous avons bien assez de savoir comme cela, et beaucoup trop d'aptitude pour les arts (1). Je voudrais bien que nos ardents propagateurs de lumières me disent comment ils feraient aller la machine ad-

---

(1) Je veux parler des arts d'agrément.

ministrative d'un royaume, s'il n'y avait que des sculpteurs, des peintres, des musiciens et des danseurs (1), et ce qu'ils feraient de leur érudition, si tout le monde savait lire et écrire. Je leur demanderai s'ils croient fermement que les individus voués à des travaux rustiques, lorsqu'ils liraient dans leurs ouvrages, soi-disant philosophiques, que tous les hommes sont égaux, et qu'eux se trouveraient nu-pieds, dînant avec une chétive soupe, n'ayant pour boisson qu'un pot de mauvaise bière, tandis qu'ils verraient leurs égaux, qui dînent de temps en temps à *l'Arc-en-Ciel*, se nourrir avec tout ce que la terre produit de plus exquis, qu'ensuite ils s'en retournent à leur hôtel, dans de brillants équipages, attelés de deux coursiers fringants, s'ils se contenteraient de cette distribution, et s'ils ne voudraient pas fonder l'égalité d'après l'acception rigoureuse du mot. Et lorsqu'ils feraient usage de leur savoir arithmétique pour comparer leur salaire journalier avec les appointements d'un chef de bureau ou d'un commis principal aux gabelles, n'a-

---

(1) J'honore infiniment les artistes, notamment ceux qui ont du talent ; mais je ne puis m'empêcher de reconnaître que la chute des empires a toujours été précédée du règne des arts : et je crois qu'il serait à souhaiter qu'ils ne fussent professés que par les hommes qui, en naissant, y apportent des dispositions bien prononcées, ce qui en diminuerait considérablement le nombre.

bandonneraient-ils pas leurs grossiers labeurs pour venir solliciter des emplois ? Mais comme il ne peut pas y en avoir pour tous, qu'il faut des payants pour qu'il y ait des payés, il en résulterait une guerre à mort entre ceux qui ont et ceux qui voudraient avoir, et il est inutile de dire à qui resterait la victoire, jusqu'au moment où d'autres viendraient à leur tour leur en ravir le fruit; ce qui donnerait un ordre de chose permanent qui favoriserait singulièrement la civilisation.

On peut être heureux dans quelque condition que le sort nous ait placés; le bonheur est partout : pour être sûr de le trouver, il n'y a qu'à conformer ses vœux et ses besoins à sa fortune. Philosophes du jour ! voulez-vous me prouver votre amour du bien public, votre philanthropie pour le peuple ? Eh bien ! loin de le faire intervenir dans des questions d'État qu'il ne peut comprendre, loin d'attiser sa haine contre les riches et les grands, de lui inspirer une envie désordonnée de parvenir, laissez-le travailler, et criez sans cesse, avec une voix de Stentor, aux grands et aux riches : Soyez humains !!! les pauvres sont vos frères ; c'est par eux que vous savourez les biens de la vie ; protégez-les, honorez-les, secourez-les : Dieu vous l'ordonne, obéissez ! Obéissez à cette voix, si vous voulez que les malheureux se soumettent aussi lorsque leur vénérable pasteur leur dira : Dédaignez les biens d'ici-bas : Dieu fut pauvre , il sut souffrir et mourir ; imitez-le.

Les classes élevées de la société ne sauraient donner assez de marques extérieures de respect et de soumission envers la Divinité , attendu que l'homme fléchit naturellement plus volontiers devant le pouvoir qu'il voit fléchir, à son tour, devant un pouvoir supérieur ; il lui semble que cela établit une espèce d'égalité qui rend sa sujétion moins humiliante. J'ai lu quelque part, que Louis XIV, en revenant de forcer le parlement à enregistrer un édit, rencontra le Saint-Sacrement ; qu'il fit arrêter sa voiture , mit pied à terre et s'agenouilla ; que le peuple, témoin de cet acte de piété, en fut extrêmement touché , et oublia le nouveau fardeau dont il venait de le surcharger.

Il est de mode aujourd'hui de publier que ce monarque fut étranger à toutes les merveilles qui ont illustré son règne, qu'elles ne sont dues qu'aux grands hommes de cette époque et aux progrès de la philosophie : moi, je soutiens qu'il ne manquera jamais de Turenne, de Fénélon, de Racine, de le Nôtre, quand il y aura des Louis XIV; que le génie de ce Roi créait, vivifiait et donnait l'impulsion à tout ; je soutiens encore que cet appareil imposant qui le suivait en tout lieu, ce profond respect qu'il affichait pour la religion, qui ne sont que des objets de puérilité pour ses détracteurs, étaient d'une politique excellente autant que sublime.

Le relâchement, à cet égard, où l'on tomba après sa mort, est la cause première de nos malheurs : ceux qui sont destinés par la naissance à commander à leurs semblables, doivent montrer qu'ils leur sont supérieurs par des qualités personnelles.

On ne vit jamais Louis-le-Grand se départir de cette dignité majestueuse indispensable aux souverains ; jamais il ne s'abaissa à capter les bonnes grâces du peuple. Il savait que son rang suprême lui venait de Dieu, et qu'il avait mis entre ses mains la faculté de le faire respecter et de le défendre contre quiconque voudrait le méconnaître, ou le lui disputer. Je frémis quand je lis dans les écrits royalistes, ou que je vois le gouvernement en appeler au peuple et à l'armée, pour connaître des droits du trône ou pour ratifier ses actes. Ne veut-on pas se convaincre qu'on semble par-là leur accorder une consistance politique qu'ils n'ont point, et que c'est leur fait naître l'envie de discuter et de s'ingérer dans des affaires d'État qui sont au-dessus de leur portée ? ce qui finira par jeter la confusion partout. Je demeure confondu en voyant que l'on s'obstine à faire de l'armée un être pensant et agissant, qu'on lui suppose un esprit, une opinion, qu'on lui fait compliment sur sa conduite, sur sa fidélité, sur tout ce qui n'est que l'accomplissement de ses devoirs. Espère-t-on

par de tels moyens s'attirer l'amour du soldat ?
On se trompe. Le soldat n'aime rien , n'affec-
tionne rien , et il doit en être ainsi : toute sa légis-
lation doit être la discipline ; son pouvoir, l'obéis-
sance; sa volonté , l'exactitude dans le service. Malheur aux empires si la flagornerie qu'on lui pro-
digue parvient un jour jusqu'à ses oreilles ! il saura
ce qu'il peut, et il le voudra bientôt. Il est des
hommes qu'on ne saurait contenter, et des positions
dans la société qu'il est impossible de rendre agréa-
bles; telles sont celles du militaire en général et du
peuple proprement dit. Tout ce que peut faire un
gouvernement, c'est de tâcher d'améliorer leur sort:
mais il n'a pas besoin de leur complaire , ni de s'in-
former s'ils approuvent les lois qu'il leur donne ; il
suffit qu'ils s'y soumettent.

Le peuple et le soldat sont des coquettes fan-
tasques qui font payer cher leurs caprices à leurs
adorateurs. On cite avec emphase plusieurs traits
d'une familiarité populaire d'un illustre empereur, lesquels honorent infiniment son caractère
personnel , mais ne disent rien en faveur de sa
politique. Il est plus important qu'on ne pense
qu'un souverain ne soit vu qu'à travers un prisme
éblouissant, que l'illusion de la majesté l'environne
sans cesse, et cache l'homme aux yeux du vul-
gaire, pour ne lui laisser apercevoir que le potentat.
Notre bon Henri fut également simple et populaire ;
cependant l'histoire nous dit qu'il ne fut point ai-

mé pendant sa vie : les tentatives d'assassinat qui eurent lieu sur sa personne sacrée, et enfin sa mort, le prouvent assez.

Il ne faut que trois choses pour régner paisiblement : justice, habilité et force. Les ennemis du trône ne sont audacieux qu'en raison de la faiblesse et de l'impéritie des premiers dépositaires de son autorité : qu'il se persuade bien que du choix de ceux-ci dépendent sa tranquilité et son bonheur. Si j'étais roi, je suivrais en tout point les conseils du Génie qui m'apparut en songe cette nuit. Voici, il m'en souvient, ses propres paroles : Si jamais tu es appelé à régner sur un grand empire, tu seras obligé d'employer des agents pour te seconder dans l'exercice de ta haute puissance.

C'est à les choisir qu'il te faudra déployer toute la sagacité dont tu es capable. Dépouille-toi, à cet effet, de toute prévention, écarte la foule des courtisans qui se presseront à tes côtés, et porte au loin tes regards, afin de découvrir le mérite, parce que ordinairement il n'est pas importun; comble de richesses l'objet de tes affections particulières, mais n'accorde les dignités et les emplois qu'à la vertu, au talent et aux services rendus à la patrie. Tu ne cesseras point d'être homme, et, à ce titre, il te sera impossible de lire dans les replis du cœur de ceux qui postuleront ces faveurs; néanmoins il est un livre utile que tu peux avoir continuellement sous les yeux, c'est l'histoire de leur vie,

tant privée que publique; consulte , apprécie chacune de leurs actions passées, elles te servi-
ront de garants pour celles à venir. Je ne prétends
point qu'il n'y ait pas de rémission pour les fautes
qu'ils auraient pu commettre ; mais il serait im-
prudent d'exposer le sort de tes sujets aux chances
d'une rechute de leur part. Lorsque tu peux
prendre parmi tant d'individus éprouvés et sans
tache, pourquoi courir volontairement des risques?
Par exemple, que craindrais-tu, reprit-il après un
moment de réflexion, d'honorer d'une pleine confiance tel personnage dont la vertu et le génie
sont généralement reconnus : citoyen probe, sujet fidèle, écrivain sublime dont chaque sentence
est un code de sagesse, de morale et de raison;
qui ne sut point transiger avec sa conscience,
qui résista en tout temps aux appas de la fortune et des grandeurs; il n'aurait en vue que ton
bien - être, parce qu'il t'aime et qu'il n'a rien à
ambitionner, car son nom vaut à lui seul toutes
les richesses et toutes les dignités. Ah ! si avec
un tel guide tu devais encore t'égarer dans le
sentier de l'erreur, du moins le chemin que tu
y ferais ne serait point encombré de cadavres,
les gémissements des victimes ne viendraient point
déchirer tes oreilles ni troubler ton imagination,
et tu pourrais toujours retourner sur tes pas avec
quelque gloire et surtout sans remords. Ainsi

s'exprimait le Génie au moment que je m'éveillai en sursaut au bruit que l'on fit en m'apportant le journal; je le pris, et, dès la première ligne, je lus que les Portugais venaient de mettre la main à l'œuvre pour opérer leur *régénération* : je me hâtais de clore cet opuscule, car je n'avais d'abord eu l'intention que de dire deux mots sur les révolutions d'Espagne et de Naples; voilà qu'il me faudrait bientôt écrire l'histoire de la révolution universelle : nos professeurs en ce genre prendront incessamment l'entreprise d'une par jour. J'ai commencé par frémir d'indignation et d'horreur à la vue de cette frénésie séditieuse, je vais finir par en rire; en effet, à quoi bon s'alarmer ! les souverains qui ont bien plus à perdre que nous dans ces événements, puisqu'ils sont spécialement dirigés contre eux, restent dans le calme le plus paisible; ils s'y prêtent même de la meilleure grâce du monde; ils récompensent, cajolent les *dignes chefs* qui se mettent à la tête de ces divertissements politiques, tandis qu'ils font main-basse sur les *traîtres* qui leur montrent le gouffre entr'ouvert sous leurs pas. C'est apparemment pour vérifier le système de compensation ! Pour moi, je déclare que je ne suis point ambitieux; que je n'exige pas que les rois me paient comptant l'attachement que je leur porte, ni les traits de dévouement dont je puis faire preuve pour leur service; néanmoins, j'avoue

qu'il est un peu dur de recevoir toujours les étri-
vières, ne serait-ce qu'à cause de la honte de savoir
que cela emporte l'idée qu'on est des sots, puisqu'on
n'a jamais raison.

FIN.

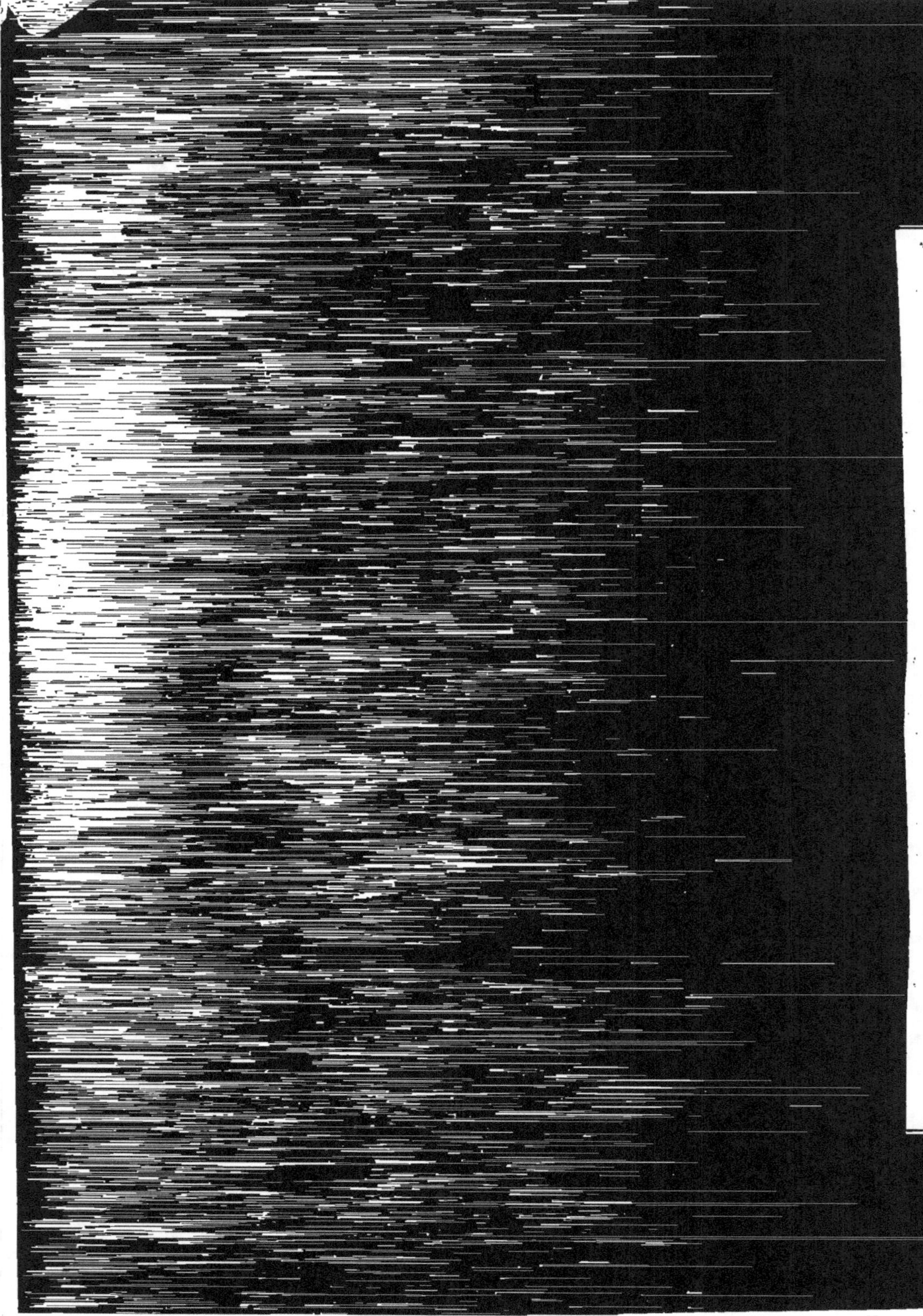